LES PRUSSIENS

EN

TOURAINE ET EN ANJOU

(1815)

PAR

H. FAYE

ANGERS

IMPRIMERIE-LIBRAIRIE GERMAIN & G. GRASSIN

RUE SAINT-LAUD

—

1887

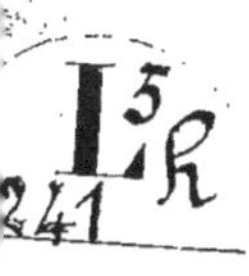

LES PRUSSIENS

EN

TOURAINE ET EN ANJOU

(1815)

PAR

H. FAYE

PRUSSIENS EN TOURAINE ET EN ANJOU

(1815)

Tandis que les alliés, devenus maîtres de Paris aux termes de la convention militaire signée par le maréchal Davout, faisaient, le 7 juillet 1815, leur entrée triomphale dans la capitale, l'armée française se retirait en frémissant au-delà de la Loire. Toute résistance était devenue impossible, et les vaillants soldats, qui avaient tant de fois vaincu l'Europe coalisée, n'avaient plus qu'à attendre, la mort dans l'âme, le décret de licenciement. Chaque jour, les armées envahissantes grossissaient, comme si les puissances victorieuses voulaient entretenir à nos frais les soldats qu'elles avaient levés. Successivement, plus d'un million d'hommes passèrent la frontière et se répandirent sur le sol français. En moins d'un mois, les trois quarts de la France étaient occupés par l'étranger.

Cependant il fallait donner à l'occupation une forme régulière. Le règlement se fit sans que le gouvernement français y eût part ; on se contenta de lui communiquer le 24 juillet les résolutions prises. Une ligne de démarcation détermina les cantonnements de chaque armée ; un gouverneur militaire étranger fut mis à la tête de chaque groupe de départements assigné à une armée et chargé d'assurer l'entretien des troupes ; une commission administrative supérieure fut formée à Paris. D'après cette convention, les Anglais, les Hollandais, les Belges, les Hanovriens et les Brunswickois occupèrent la région au nord de la Seine jusqu'à la frontière belge ; les Autrichiens, Bavarois, Wurtembergeois et Hessois, occupèrent le Dauphiné, la Bourgogne, le Nivernais et le Bourbonnais ; les Russes campèrent en Champagne et en Lorraine ; les Badois en Alsace ; les Prussiens enfin s'établirent dans le pays entre la Seine et la Loire et s'étendirent jusqu'à la Bretagne [1].

I

Les troupes prussiennes envahirent le département d'Indre-et-Loire le 19 juillet, pénétrant à la fois par le Loir-et-Cher et par la Sarthe.

Le 22 juillet, Champigny-Aubin, député du département d'Indre-et-Loire à la Chambre des Cent jours, revenant de Paris après la dissolution de la Chambre, écrivait à son ami Joùbert-Bonnaire, adjoint au maire d'Angers [2] :

Langeais, 22 juillet 1815.

Je m'empresse, mon cher Joùbert [3], de t'annoncer notre heureuse arrivée à Langeais... Parlons maintenant de ce que j'ai vu en route. A Écomoy, il n'y avait encore, lors de mon passage, aucune troupe de Prussiens ; nous y avons seulement vu trois ou quatre chefs de chouans, dont un est venu très poliment nous demander des nouvelles du Mans et nous dire qu'on attendait dans le jour un détachement de cavalerie prussienne. A Château-du-Loir, il n'y avait ni chouans ni Prussiens. Pas un drapeau blanc ne flottait dans la ville. Au moment où nous montions en voiture, seulement, sont arrivés

---

[1] Dareste. *Histoire de la Restauration.*

[2] Les lettres que nous reproduisons font partie des archives de M. André Joùbert, qui a bien voulu nous les communiquer.

[3] Joseph-François Joùbert-Bonnaire, né à Angers, le 10 août 1756, fils de Joseph Joùbert, capitaine, et d'Anne Girard, de Saint-Philbert de Noirmoutiers, marié le 20 mars 1777, dans l'église des Minimes, à Angers, à Françoise-Marie Bonnaire. Voir dans le *Dict. hist. de M.-et-L.*, t. II, pp. 411-412 la liste des fonctions qu'il a remplies. Après avoir été maire d'Angers de 1802 à 1808, il était adjoint en 1813.

quatre lanciers prussiens, qui ont mis pied à terre dans un bouchon. Leurs chevaux étaient encore à la porte lorsque nous sommes passés. Je présume que c'étaient les éclaireurs de quelque détachement qui venaient prévenir de leur prochaine entrée. Au relai de La Roue, qui est un petit bourg, rien n'avait encore paru. Nous comptions de là nous rendre à Château-Lavallière, lieu de la destination de nos passeports, pour ensuite arriver à Langeais ; mais, informés à La Roue que les Prussiens n'avaient encore qu'un avant-poste de cinquante hommes à Monnaye, sur la route de Vendôme, nous avons laissé Château-Lavallière sur notre droite et nous sommes tout bonnement rendus de La Roue à Tours, et de Tours à Langeais.

En passant à Tours, nous y avons remarqué que cette ville, qui est située sur la rive gauche de la Loire, n'est point du tout dans l'intention de livrer passage à l'armée prussienne, si celle-ci avait l'envie de violer la convention qui a posé la Loire pour limite aux armées alliées. Deux fortes pièces de canon, de 24 chacune, sont à l'entrée du pont du côté de la ville ; on y a construit une espèce de redoute pour la sûreté des canonniers, et on a en outre pris la mesure de miner une arche du pont, et il y a deux barils de poudre tout prêts à faire sauter une arche de ce pont, si l'armée prussienne faisait quelque tentative pour le passer. La ville est remplie de soldats qui sont logés et vivent chez les habitants, comme les Prussiens vivent chez les habitants des villes où nous avons passé, mais avec plus de méthode et sans vexer les citoyens, vu que les généraux français maintiennent la discipline. Il y a donc probabilité que les Prussiens ne tenteront pas de pénétrer par Tours. On ignore si, d'après cela, ils vont filer le long de la Loire sur la levée. Il nous serait bien agréable qu'ils n'en fissent rien et qu'ils nous dispensassent de leur visite, mais il est à craindre qu'ils n'y dirigent au premier jour une forte colonne. Tout le monde est sur le qui vive à cet égard.

Ton véritable ami,

CHAMPIGNY-AUBIN [1].

---

[1] Plusieurs biographes ont confondu Champigny-Aubin avec son homonyme Champigny-Clément.

Le premier fut successivement élu suppléant à la Législative, où il ne siégea pas, et à la Convention où il fut appelé à siéger en rem-

Toutefois, si la population de Tours et les débris de l'armée de la Loire qui occupaient encore cette ville, témoignaient à l'égard des Prussiens une animosité qui ne demandait qu'à se traduire par des actes de violence, les administrateurs du département et de la commune étaient au contraire résolus à tous les sacrifices pour éviter une sanglante collision. Le 14 juillet, deux délégués du Conseil municipal sont députés auprès du prince d'Eckmülh, commandant l'armée de la Loire, en son quartier général à Bourges, pour l'inviter à faire suspendre les travaux de défense entrepris au pont[1]. Non content de ses promesses, le Conseil municipal fait une nouvelle démarche auprès du ministre de la guerre, Gouvion Saint-Cyr[2], qui donne l'ordre d'enlever immédiatement les fourneaux de mine et de remettre les ponts dans leur état primitif.

Le 19 juillet, deux nouveaux membres du Conseil sont députés auprès du commandant prussien qui vient d'occuper la ville de Château-Renault, afin de lui témoigner l'attachement des habitants à la personne du roi et à ses alliés. Toutes les mesures sont prises pour éviter qu'une rencontre n'ait lieu entre les deux armées, et le commandant du détachement prussien s'engage à n'occuper la rive droite de la Loire, en face de Tours, que lorsque les troupes françaises, stationnant encore sur cette rive, l'auront évacuée.

placement de Jacob-Dupont, au cours de l'année 1794. Il eut l'honneur de présenter, le 20 janvier 1795, un projet de loi portant abolition de la peine de mort. La Convention, estimant que l'heure de la clémence n'était pas encore venue, passa à l'ordre du jour. — Il n'appartint à aucune assemblée politique pendant le Directoire, le Consulat et l'Empire. Il fut nommé membre de la Chambre des Cent jours.

C'est Champigny–Clément et non Champigny–Aubin qui vota dans le procès du roi pour la réclusion, contrairement à ce qui est dit dans la Table alphabétique du *Moniteur*. D'autre part, c'est Champigny–Aubin et non Champigny–Clément qui présenta le projet de loi portant abolition de la peine de mort, contrairement à ce qui est dit dans le *Dictionnaire historique d'Indre-et-Loire*, par Carré de Busserolles.

[1] *Registre des délibérations du Conseil municipal de Tours.*
[2] **Giraudet.** *Histoire de Tours.*

Le 25 juillet, un détachement de 90 Prussiens pénètre dans le village de Saint-Symphorien qui forme faubourg, au nord de la ville, sur la rive droite du fleuve, à l'extrémité du pont. Des mesures d'ordre sont adoptées d'accord avec l'autorité municipale ; la ville prend à sa charge l'entretien des troupes d'occupation. Au surplus, tout se passe sans le moindre trouble ; un habitant de la ville, un nommé J.-P. Say, s'étant seul permis d'insulter les alliés, est condamné par le tribunal de l'arrondissement de Tours à un mois de prison et deux cents francs d'amende[1], mais le commandant du détachement prussien intervint lui-même pour obtenir en sa faveur une réduction de peine.

Bien plus, les Prussiens ayant célébré le 3 août la fête anniversaire de leur souverain, une partie de la population tourangelle, plus avide de plaisirs que soucieuse de sa dignité, se transporte dans la soirée à Saint-Symphorien pour assister à la fête. « Cinquante individus, dont majeure partie de femmes, dit le rapport officiel de la Mairie, ont oublié l'heure de la fermeture définitive des barrières et ont été obligés de bivouaquer sur le pont jusqu'à cinq heures du matin, les postes français et prussiens ayant respectivement refusé de laisser passer qui que ce soit. » Il n'en fallut pas davantage pour exciter la malignité publique ; les dames de Tours, dont plusieurs appartenaient à la bourgeoisie, eurent le triste honneur d'être chansonnées et bafouées en termes où l'indignation supplée à la poésie. La chanson des *Bons alliés*, qui fit à cette époque son tour de France, est parvenue jusqu'à nous, conservée dans les souvenirs populaires depuis plus de soixante-dix ans.

> Toute la nuit bivouaquer sur le pont,
> Ah ! pour des dames quelle triste affaire !
> Et dont plusieurs étaient grosses, dit-on ;
> Mais pour le sûr, la femme d'un notaire !
> Elle veut leur offrir de l'argent

[1] *Journal politique et littéraire d'Indre-et-Loire.*

Pour qu'on lui ouvre la barrière :
— Mes amis, mon mari m'attend !
— Madame, il n'est pas encor temps ;
Il faut rester la nuit entière,
        Sur la rivière !

Cependant l'invasion continuait sans relâche ; les Prussiens suivaient la rive droite de la Loire, ayant pour objectif Angers. Le 3 août, ils faisaient leur entrée à Langeais, ainsi, que nous l'apprend une lettre de Champigny-Aubin à Joubert :

Langeais, 3 août 1815.

.... Dieu veuille qu'une paix générale et prompte nous délivre au plus tôt de ce déluge d'étrangers dont je ne m'accommode point du tout. Il n'y en a point encore ici. Il y en a seulement quelques centaines à Monnaye, près Tours, et dans le faubourg Saint-Symphorien de la ville de Tours, qui se trouve sur la rive droite ; mais aucun n'a encore pénétré dans la ville même. Il y a toujours deux canons braqués à l'entrée du pont, où les Français montent constamment la garde, tandis que les Prussiens la montent à l'autre bout du pont, sur la rive droite de la Loire. Des patrouilles de Prussiens, composées de cinq à six cavaliers, sont venues trois à quatre fois à Luynes et à Langeais ; ils ont demandé l'étape à la Mairie qui la leur a fait donner à l'auberge, mais ils n'ont logé chez aucun habitant, et n'ont d'ailleurs point couché. Nous voudrions bien que cela se bornât à ces simples visites, et que bientôt on entendît dire que toutes les armées étrangères reprennent le chemin de leurs pays respectifs.... Ma lettre était écrite ce matin. Il est présentement une heure après-midi et, dans ce moment, il nous arrive une patrouille de sept cavaliers prussiens qui ont demandé à être couchés et logés chez les habitants. On présume que c'est pour nous annoncer la prochaine arrivée d'une garnison prussienne. J'ai le cœur serré en voyant arriver ces gens-là. Je ne crois pas qu'ils y viennent commettre d'excès, mais la présence de l'étranger, qui vient dicter des lois, a quelque chose de pénible et d'humiliant pour de vrais Français...

CHAMPIGNY-AUBIN.

L'ordre ne fut pour ainsi dire pas troublé pendant toute la durée de l'occupation. A Saint-Patrice et à Langeais, des rixes sans gravité se produisirent le 5 et le 7 août, mais, grâce à l'énergique attitude des autorités, la collision fut conjurée. La ville de Langeais fut seulement frappée par l'intendant général de l'armée prussienne d'une contribution de guerre de 30,000 francs [1]. Enfin, le 24 septembre, les Prussiens évacuèrent définitivement le département d'Indre-et-Loire.

II

Le 24 juillet, une patrouille de sept cavaliers prussiens se présentait à Angers et, après l'avoir parcouru, se retirait aussitôt [2]. Ce ne fut que le 4 août que le corps de troupes qui devait occuper la ville en prit possession ; il se composait du 30e régiment d'infanterie prussienne et d'un détachement de lanciers, sous le commandement du colonel baron de Ditfourth. Vingt jours plus tard, on y ajouta un régiment de landwerhr et plusieurs compagnies de chasseurs volontaires, ce qui porta la garnison à 5,218 hommes [3], commandés par le général baron de Thielmann.

Des mesures sévères furent prises pour éviter toute manifestation hostile. Le 9 août, le colonel de Ditfourth ordonne à tous les habitants ne faisant pas partie de la garde nationale (sous cette dénomination on doit comprendre ceux qui forment la cohorte urbaine, la cohorte mixte et la compagnie de pompiers) de déposer à la citadelle, dans le courant de la journée pour tout délai, les armes dont ils sont possesseurs ou dépositaires.

Tous les militaires, retirés du service, qui se trouvent à

---

[1] Lettre de Champigny–Aubin à Joûbert (4 septembre 1815).
[2] *Journal politique et littéraire de Maine-et-Loire* (1er août.)
[3] *Registre des délibérations du Conseil municipal d'Angers.*

Angers, sont priés de se présenter sur l'heure au bureau du baron de Steinnecker, commandant de place, pour y recevoir des ordres. Lui seul a autorité pour le logement des étrangers, le visa des passe-ports et les réquisitions de toutes sortes.

La ville est soumise à un état de siège rigoureux et les autorités françaises sont dessaisies par l'autorité militaire prussienne, qui traite, la ville en pays conquis.

Ce que furent les conflits d'attributions entre ces pouvoirs rivaux et hostiles, on le comprend sans peine ; mais force est de céder à la violence. Le préfet du département, le baron de Wismes, dont la résistance aux demandes réitérées des généraux prussiens met le comble à leur irritation, est brutalement enlevé et emmené jusqu'aux frontières de l'Allemagne. Il ne fut remis en liberté que le lendemain du départ des Prussiens et rendu à ses administrés qui lui firent une véritable ovation [1].

Le maire d'Angers, M. Papiau-Verrie, et l'adjoint, M. Joûbert-Bonnaire, de caractère plus conciliant, rivalisent de zèle pour ramener le calme dans les esprits et pour vivre en bonne intelligence avec les autorités prussiennes, tout en résistant avec beaucoup de fermeté à leurs prétentions souvent excessives [2]. Les habitants subissent des réquisitions de toutes sortes, suivant les besoins ou le caprice des envahisseurs, Ce n'est que le 31 août qu'une convention, conclue entre les ministres du roi de France et ceux du roi de Prusse, intervient pour régler les conditions de l'occupation. Les généraux et intendants prussiens remettent l'administration aux mains des magistrats français. Les réquisitions en argent, chevaux, effets d'habillement et autres, cessent ; les troupes prussiennes ne peuvent exiger

[1] *Journal politique et littéraire de Maine-et-Loire.*
[2] Le Conseil municipal, dans sa séance du 17 septembre 1815, reconnut les soins et services rendus par M. le maire Papiau en lui votant une épée d'honneur.

aucune fourniture d'habillement, d'équipement et de remonte qu'en les payant comptant ; elles n'ont plus droit de rien prétendre autre chose que la nourriture et l'entre tien journalier.

La charge ne laisse pas d'être lourde encore pour les habitants. La dépense journalière ne s'élève pas à moins de 6,500 francs[1] et la ville, déjà frappée d'une contribution de guerre de 300,000 francs, a recours successivement à l'impôt et à l'emprunt pour se procurer les fonds néces saires dont elle fait l'avance au département. Aussi l'occupation, bien que limitée à une période de deux mois, n'en fut-elle pas moins désastreuse pour les pays occupés. Dès le commencement de septembre, l'irritation causée par les vexations répétées en était venue à un point tel que le moindre prétexte eût suffi pour mettre le feu aux poudres et déterminer une grave collision.

---

[1] Évaluation de la dépense de nourriture de la garnison d'Angers, *pour une journée.*

RATION SUIVANT LE TARIF :

2 livres pain évaluées.	0,30 centimes.
1 — viande —	0,40
Sel et légumes —	0,15
3 onces lard —	0,10
1 litre bière —	0,30
1 décil. eau-de-vie —	0,15
Total.	1,40

La ville doit fournir chaque jour 4,000 rations, soit 5,600 francs.

FOURRAGES :

12 livres avoine évaluées. . . .	0,60 cent.
6 — foin. ⎱ N'est point à la charge » »	
6 — paille. ⎰ de la ville. » »	
	0,60
500 rations, ci..	300 francs.

Ajoutant à cela pour dépense de la table de l'intendant, de celle de quelques autres officiers stationnés à Angers ou passant par cette ville, pour réquisitions de subsistances extraordinaires. . . . . 600 francs.

Dépense journalière. . . . . 6,500 francs.

Champigny-Aubin ne dissimule pas ses inquiétudes à son ami Joûbert :

Langeais, 4 septembre 1815.

J'ai reçu, en son temps, mon cher Joûbert, ta dernière lettre du 5 août. Elle m'entretenait de l'occupation de votre ville par les Prussiens et de la portion qui t'en était advenue, c'est-à-dire celle d'un colonel et sa suite, lequel colonel avait accepté ta table en famille et qui, par bonheur pour toi, parlait fort bien le français et paraissait fort bien élevé. Tout cela serait tolérable si on voyait du moins le terme d'un état de choses qui ne peut que blesser au vif des cœurs français comme les nôtres ; mais quand verrons-nous la fin de cet état d'oppression et de ruine ! car, il ne faut pas se le dissimuler, la France se mine et se consume à tel point que, si cela ne change pas bientôt, le désespoir s'emparera de toutes les têtes et, si l'on en venait là, Dieu sait quel en serait le résultat.

J'ai à cette occasion à te faire part d'un rapport que vient de me faire un officier prussien logé chez moi, pour je ne sais combien de jours. Il y est venu avec un détachement pour assurer la rentrée d'une somme de trente mille francs, dont se trouve frappée, par l'intendant général de l'armée prussienne, notre malheureuse petite ville de Langeais. Il vient de me dire que l'on a mis à l'ordre du jour, au quartier général prussien dans nos départements, qu'un certain nombre de militaires prussiens étaient morts presque subitement dans la ville d'Angers, qu'on attribuait cela à l'empoisonnement que quelques habitants de cette ville se seraient portés à faire contre les Prussiens logés chez eux et qu'en raison de cela, des renforts prussiens s'étaient portés sur Angers. J'ai cherché, autant qu'il a dépendu de moi, à dissuader mon officier prussien d'un pareil traitement de la part des habitants d'Angers. J'ai dit, comme je le crois, que les vins violents et généreux d'Angers, dont se bourrent les Prussiens, du matin au soir, ainsi que les eaux-de-vie, étaient la seule cause de la mortalité de ces intéressants soldats. J'ai ajouté que j'étais tellement confiant dans cette idée que j'allais en écrire à un de mes amis d'Angers pour avoir des détails là-dessus....

CHAMPIGNY-AUBIN.

Tout porte à croire que le rapport du quartier général prussien relativement au prétendu empoisonnement des soldats était empreint d'une grande exagération, car rien, dans les documents officiels ni dans les registres des administrations publiques ne vient confirmer les mesures de rigueur annoncées dans la lettre de Champigny-Aubin.

Au surplus, l'épreuve ne devait plus être de longue durée ; le 23 septembre, les troupes prussiennes évacuaient Angers et se dirigeaient sur Le Mans, pour de là regagner Versailles, où le quartier général de Blücher venait d'être établi. Le général de Borck, en quittant Angers, crut devoir témoigner à la population sa satisfaction pour la bonne conduite qu'elle avait tenue pendant tout le séjour des troupes. De son côté, l'administration municipale se plut à reconnaître les soins apportés par les officiers prussiens pour faire régner, parmi leurs soldats, une exacte discipline.

La population qui avait si impatiemment supporté leur joug, les vit partir avec joie.

Un demi-siècle plus tard, la France, hélas ! devait éprouver les mêmes désastres dont le souvenir toujours vivace n'est pas près de s'éteindre. Les souffrances et les humiliations qu'ont subies nos pères, moins récentes et plus oubliées, méritent que l'histoire les recueille et les transmette avec ses ressentiments aux générations nouvelles de la patrie française.

(Extrait de la *Revue de l'Anjou.*)

Angers, imp. Germain et G. Grassin. — 1844-87.